Ayurveda per principianti

Come può integrare facilmente il principio indiano di autoguarigione nella sua vita quotidiana e trovare la salute olistica passo dopo passo.

Tanja Gerlach

CONTENUTO

Cosa la aspetta in questo libro

Combattere lo stress, la vita frenetica e i problemi di salute con ricette deliziose e massaggi rilassanti e chiamarla medicina è un sogno irrealizzabile? Al contrario!

Non importa cosa la preoccupa: Che sia malato, che si senta semplicemente poco bene o che non riesca più a far fronte a tutte le sfide del mondo moderno. Anche se desidera solo perdere qualche chilo o semplicemente sentirsi di nuovo bene: L'Ayurveda la aiuta a farlo.

Perché questa antica arte curativa non solo

combatte i suoi dolori in modo meravigliosamente individuale, ma porta anche il suo corpo e la sua mente in equilibrio e mantiene la sua salute a lungo termine con uno stile di vita personalizzato.

Questa guida le offre approfondimenti sul sistema sanitario più antico del mondo, rituali benefici per la salute da seguire ogni giorno, ricette che le faranno venire l'acquolina in bocca e molto altro ancora.

Si immerga nel mondo dell'Ayurveda e si convinca di una medicina che la rafforza, la mantiene in salute e ha un effetto positivo sulla sua mente.

Ayurveda: cos'è?

Forse avrà letto il termine Ayurveda sulla confezione di una tisana o di una miscela di spezie, l'avrà incontrato sfogliando il catalogo di un hotel benessere o visitando una spa, ma c'è molto di più in questa parola dal suono esotico.

È vero che l'alimentazione, così come la vitalità e la consapevolezza del corpo giocano un ruolo importante, ma l'origine dell'insegnamento ayurvedico è un sistema medico e affonda le sue radici in India. L'Ayurveda è infatti un'arte curativa molto antica e tradizionale dell'antico popolo indiano dei Veda. Questa medicina alternativa basata sulla natura è una combinazione di filosofia e valori empirici e si dice che abbia tra i 3.000 e i 5.000 anni. Tuttavia, oggi è ancora sorprendentemente moderna e viene praticata soprattutto nella regione dell'Asia meridionale. Anche l'Organizzazione Mondiale della Sanità ha riconosciuto l'Ayurveda come scienza medica - quindi è molto più di una semplice tendenza al benessere.

In questo Paese, la naturopatia sta guadagnando sempre più seguaci da qualche tempo: la domanda è in aumento, soprattutto tra i pazienti che si fidano comunque della medicina alternativa naturale, perché i metodi di prevenzione sono convincenti, tra l'altro, grazie alla loro autoefficacia e agli approcci terapeutici individuali. Un altro vantaggio che parla a favore dell'Ayurveda è la possibilità di integrare i concetti nel nostro sistema sanitario, per cui sempre più medici e personale specializzato stanno completando la formazione e l'aggiornamento.

Le parole "ayus" e "veda" derivano dal sanscrito e significano "vita" e "conoscenza", il che traduce "Ayurveda" come "conoscenza della vita" o "scienza della vita". L'obiettivo è stabilire l'armonia tra corpo e anima, ossia una vita in cui i sensi fisici sono in armonia con gli aspetti mentali, emotivi e spirituali.

Si tratta di un sistema di salute olistico, perché la persona viene considerata nel suo insieme, invece di trattare i singoli disturbi.

L'Ayurveda offre alcuni metodi che riguardano specificamente il trattamento e la guarigione delle malattie. Tuttavia, l'attenzione è rivolta alla prevenzione delle malattie o dei disturbi del corpo e della mente. Lo stile di vita ayurvedico è progettato per evitare di ammalarsi in primo luogo, ma per mantenere la salute e contrastare eventuali disturbi. Questa è una delle differenze cruciali rispetto alla medicina occidentale a cui siamo abituati in Germania e in Europa in generale.

La cosa più importante è essere molto attenti a se stessi e all'ambiente circostante: Il benessere dell'essere umano dal punto di vista ayurvedico dipende dall'armonia della società e dell'universo, di cui l'essere umano è una parte inseparabile. Prendersi cura di se stessi, del proprio ambiente e dei propri simili, e considerare la loro interdipendenza, permette di realizzare ciò che è bene per la salute e per lo spirito. Secondo l'antica arte della guarigione, le malattie derivano da uno squilibrio tra corpo e anima. Questa unità di corpo (sarira), mente (manas) e anima (atma) è la base della vita negli insegnamenti ayurvedici.

L'anima rappresenta il centro spirituale onnisciente di tutto ciò che esiste ed è allo stesso tempo il prerequisito del corpo e della mente. Il nostro essere, la coscienza di noi stessi e quindi la beatitudine si basano su di essa, poiché l'anima, a differenza del corpo e della mente, non conosce sofferenza né disturbi.

La filosofia ayurvedica separa chiaramente l'anima dallo spirito, ossia la nostra mente o psiche. Qui, invece, l'assorbimento delle informazioni e l'elaborazione delle impressioni, cioè i processi di pensiero, hanno luogo insieme al subconscio, alle emozioni e al sogno.

Nel nostro corpo, spirito e anima trovano uno spazio che, tuttavia, può portare sofferenza e disturbi. Nell'Ayurveda, esistono le tre energie vitali "Vata", "Pitta" e "Kapha", chiamate anche "Dosha", alle quali ogni persona può essere assegnata, poiché almeno un'energia vitale è dominante in ognuno. Secondo l'Ayurveda, l'organismo umano è composto da queste energie e dalle sette sostanze di base (rakta, mansa, meda, rasa, asthi, maija e shukra), nonché dai prodotti di scarto del corpo (urina, sudore, feci). Se tutti questi elementi sono in armonia tra loro, ciò ha un effetto decisivo sulla salute fisica e mentale.

L'obiettivo e lo scopo di tutti i trattamenti e metodi ayurvedici è quindi sempre soprattutto quello di portare i tre dosha in equilibrio nel miglior modo possibile e di mantenere questo equilibrio.

"Tutto ciò che possiamo fare da soli per rafforzare la nostra salute funziona meglio di ciò che gli altri fanno per noi", dice David Frawley (esperto ayurvedico americano).

Come ha già letto, la salute e una vita soddisfacente in Ayurveda sono possibili solo quando l'individuo è in equilibrio con l'ambiente e la natura, ma soprattutto con le proprie energie vitali e i componenti della personalità. Pertanto, il termine ayurvedico per la salute "svastha" è tradotto come "dimora nel sé".

Secondo la comprensione ayurvedica, una persona completamente sana è quella in cui tutti e tre i dosha sono in assoluta armonia e i tessuti (dhatus), le escrezioni (malas) e i processi metabolici (agni) sono equilibrati. Inoltre, la mente deve essere chiara e soddisfatta e l'anima deve rimanere in uno stato di gioia, non influenzata da successi o fallimenti. Gli insegnamenti e i metodi ayurvedici aiutano a raggiungere questo stato ideale passo dopo passo, perché non è necessariamente facile.

Sicuramente conosce lo stato di esaurimento o di malattia, che di solito viene notato solo quando ci si sente già esausti. Non è affatto l'unico, perché spesso noi esseri umani ci accorgiamo solo troppo tardi che ci stiamo allontanando da questo stato di armonia tra corpo e anima. Il risultato è uno squilibrio armonico, che a sua volta porta a sofferenze fisiche e psicologiche, malattie e disturbi.

Alcuni fattori possono portare a un tale sovraccarico dell'organismo, primi fra tutti un'alimentazione sbagliata, lo stress e in generale abitudini di vita poco sane. Le varie pratiche che compongono l'Ayurveda la portano a percepire più chiaramente se stessa e il suo corpo e quindi a percepire il prima possibile ciò che è buono o meno cattivo per lei, quando ha bisogno di una pausa o dovrebbe rallentare un po' e così via.

Se cambiamo il nostro stile di vita e la nostra alimentazione abbastanza presto, i disturbi nelle fasi iniziali possono essere risolti in modo relativamente buono. Con i problemi a lungo termine, diventa più difficile guarire il corpo attraverso il ripristino dell'armonia. Allora bisogna ricorrere a terapie più profonde.

L'Ayurveda la aiuta a cambiare il suo stile di vita in modo indipendente e le offre approcci versatili e individuali che hanno un effetto positivo sull'energia e sulla salute. Soprattutto nelle nostre società occidentali, lo stress e la vita frenetica di tutti i giorni sono quasi la norma per molti e desideriamo poter compensare questo ritmo di vita veloce. Attraverso i metodi calmanti e rinvigorenti offerti dall'Ayurveda, molti trovano un'oasi di pace che rappresenta un'alternativa rinfrescante e un rifugio dalle sfide che a volte inevitabilmente affrontiamo.

La consapevolezza del proprio corpo, delle esigenze del nostro organismo e della loro connessione con l'universo ci offre una nuova prospettiva sulla vita e su noi stessi, per cui non c'è da stupirsi che sempre più persone si interessino e vogliano conoscere l'Ayurveda. Anche per lei, questo approccio può aprire un mondo completamente nuovo di possibilità, di salute e di esperienze positive con se stesso.

UN VIAGGIO NELL'INDIA ANTICA

Ha già appreso l'origine della parola Ayurveda e il suo significato dall'antica lingua indiana. Ma da dove viene esattamente l'antica arte della guarigione, che è tanto moderna oggi quanto lo era molti anni fa?

Il nostro piccolo viaggio nel tempo ci porta in India, dove l'arte della guarigione e la medicina in generale hanno una tradizione molto antica. Scopriamo prove di conoscenze mediche già all'età della pietra e intorno al 7000-6000 a.C., si dice che gli antichi Indiani avessero addirittura una conoscenza nel campo dell'odontoiatria. Avevano anche una buona conoscenza dell'anatomia umana, della digestione e della circolazione sanguigna. Si dice anche che i primi ospedali siano stati fondati in questo periodo e che sia avvenuta la coltivazione di piante medicinali. Non sorprende quindi che l'origine dell'Ayurveda sia stimata a 5000 anni prima della nostra epoca. Nonostante l'incertezza sull'età esatta, sappiamo che ha avuto origine nella civiltà vedica dell'India ed è quindi il più antico sistema sanitario tramandato.

Nelle antiche raccolte di scritti degli antichi Veda indù, dove troviamo i documenti della conoscenza indiana, ci imbattiamo nella leggenda degli insegnamenti dell'Ayurveda, che raccontano di Brahman, che nella mitologia indiana è il creatore dell'universo e si dice abbia portato la conoscenza delle arti curative nel mondo. Per secoli, si dice che questa conoscenza sia stata tramandata oralmente, fino a quando non è stata finalmente registrata per iscritto.

Quando il Buddismo visse il suo periodo di massimo splendore in India, tra il 323 a.C. e il 642 d.C., anche l'Ayurveda divenne sempre più popolare. Sebbene i buddisti rifiutassero in realtà l'intero insegnamento dei Veda indù, incorporarono gli insegnamenti ayurvedici nei propri sistemi medici e rinnovarono o integrarono alcuni approcci con le proprie conoscenze. In quel periodo, fu introdotto un sistema sanitario pubblico, i cui componenti erano il libero uso delle piante medicinali coltivate, l'istituzione di farmacie e ospedali e l'organizzazione della professione infermieristica. Come vede, il sistema di assistenza sanitaria come lo conosciamo oggi ha avuto inizio migliaia di anni fa - e con successo!

A causa della successiva espulsione dei buddisti dall'India, essi contribuirono alla diffusione degli insegnamenti ayurvedici fino all'Europa.

Durante l'occupazione turca, che ebbe luogo dal 1100 d.C. al 1600 d.C., l'Ayurveda fu rinnovata e godette di nuova popolarità. Le varie influenze degli insegnamenti ayurvedici furono combinate con i sistemi della medicina tradizionale indiana.

Quando i governanti coloniali inglesi conquistarono definitivamente il subcontinente indiano, tutti i sistemi di cura naturali o tradizionali furono vietati, soprattutto la naturopatia ayurvedica. Nonostante questa soppressione, l'Ayurveda è sopravvissuta e ha ancora un posto fisso nella società indiana. Ci sono oltre 400.000 medici che praticano l'Ayurveda in India, alcuni dei quali sono ufficialmente riconosciuti dal

Governo. Gli insegnamenti sono diffusi anche nelle università e nei college e vengono ancora ampliati da medici e filosofi.

Gli elementi più importanti

Ora sono venute fuori le parole sistema olistico e ha imparato che corpo, mente e anima devono essere armonizzati, sì, armonizzati, per ottenere una salute reale e assoluta. Quindi, come si fa a raggiungere questo stato o ad avvicinarsi ad esso?

L'Ayurveda la aiuta attraverso i blocchi centrali, i metodi su cui si basano gli insegnamenti.

Questo include innanzitutto gli insegnamenti nutrizionali, che sono adattati individualmente ai tipi di Ayurveda e si basano su alimenti naturali, spezie ed erbe. Quindi, a seconda delle caratteristiche del suo corpo e del suo stato di salute, ha l'opportunità di rifocillarsi letteralmente in modo sano. Delizioso, non è vero? Anche la pulizia è centrale negli insegnamenti ayurvedici: i massaggi e la disintossicazione, così come le applicazioni di olio e la routine mattutina, sono elementi importanti per questo, per mantenerla regolarmente in buona salute e benessere.

Le pratiche yoga, la meditazione e il pranayama (esercizio di respirazione che controlla e aumenta l'energia vitale) sono altri approcci per rafforzare la sua coscienza. Anche il suo comportamento gioca un ruolo importante, in quanto deve adattare la sua vita all'ambiente e ai vari ritmi naturali dei giorni, degli anni e della vita in generale. Le piante medicinali e i minerali sono le pietre miliari della medicina ayurvedica e, ultimo ma non meno importante, i suoi sensi devono essere acuiti e coccolati attraverso il gusto, i colori e la musica. Tutte le terapie ayurvediche, sia che vengano utilizzate per la prevenzione che per la guarigione vera e propria, si basano sempre su erbe, spezie, in breve, su rimedi provenienti dalla natura.

Per poter trattare le persone individualmente e in base al loro tipo, un esperto determina quali dosha hanno il maggiore effetto su ogni persona, cioè a quale tipo ayurvedico possono essere assegnati. Qui entrano in gioco diverse diagnosi, tra cui quella del polso e degli occhi, ma anche un colloquio personale. In India, viene incluso anche l'oroscopo della persona in questione. Su internet si trovano anche alcuni auto-test e descrizioni, in base ai quali è possibile classificarsi, ma il parere e l'esame di un esperto è sempre la via più sicura e un referente preparato aiuta, soprattutto all'inizio, a gestire le varie definizioni, i metodi e le domande sulla salute.

Attraverso i vari massaggi, i cambiamenti dietetici, lo yoga e il trattamento con piante specifiche che fanno parte dello stile di vita ayurvedico, i dosha devono essere portati in equilibrio tra loro. Questi approcci non si trovano solo nella terapia, ma anche nel settore del benessere.

Di seguito, una panoramica sugli elementi essenziali dell'Ayurveda, è pronto?

NUTRIZIONE

L'alimentazione è uno degli elementi centrali dell'Ayurveda, in quanto l'assunzione di cibo nel nostro corpo influenza direttamente la salute e la malattia, nonché la crescita e il decadimento umano. Le sostanze di base di cui abbiamo bisogno e i prodotti di scarto che produciamo sono componenti importanti dell'organismo e, secondo gli insegnamenti ayurvedici, influenzano anche la mente e l'anima. Non si tratta di farne a meno, ma di rafforzare il corpo e la mente con alimenti adeguati. Allo stesso tempo, i sensi devono essere coccolati e rafforzati.

La dieta ayurvedica è prevalentemente ovo-latto-vegetariana, il che significa che fanno parte della dieta soprattutto alimenti freschi di origine vegetale, come frutta e verdura, latticini e cereali, oltre a olio e ghee. Il ghee è un modo speciale di preparare il burro, di cui troverà una ricetta più avanti in questa guida - si lasci sorprendere! Il consumo di carne, uova e pesce, così come di alcol, non è considerato dannoso nell'Ayur-veda classico ed è del tutto legittimo, ma è consigliato in quantità ridotte ed equilibrate. Inoltre, le proteine animali non devono essere consumate in combinazione tra loro, in quanto ciò può portare a prodotti di scarto del metabolismo. Mangiare frutta e verdura fresca è particolarmente importante e dovrebbe essere fatto tutti i giorni, in quanto fornisce all'organismo un miglior apporto di vitamine, sostanze vegetali secondarie e minerali.

Anche il tè svolge un ruolo negli insegnamenti ayurvedici sulla salute che non deve essere sottovalutato, perché le varie erbe aiutano a bilanciare le energie vitali. Da un lato, il corpo deve essere rifornito di liquidi, dall'altro deve sostenere la forma fisica e la salute. Esistono molte varianti possibili, ed è per questo che il tè viene gustato anche in base ai tipi di Ayurveda.

Già negli insegnamenti nutrizionali, l'arte curativa si adatta ai tipi di costituzione individuale Pitta, Vata e Kapha; quindi si mangia ciò che fa bene al proprio corpo. Tuttavia, ci sono delle raccomandazioni che valgono in generale per una dieta ayurvedica. Questo è particolarmente utile se vuole conoscere la dieta ayurvedica e provarla indipendentemente dal suo dosha, o forse non sa ancora a quale tipo appartiene.

Regole generali

Le regole di base più importanti per stimolare la digestione e rifornire l'organismo di energia includono:

1. Mangi solo quando sente veramente fame: questo è un segno che la digestione del pasto precedente è completa e solo allora il suo organismo è pronto per una nuova assunzione di cibo.

2. Non mangiare a sazietà: riempire lo stomaco per circa tre quarti le dà energia sufficiente per la giornata

e non sovraccarica la digestione, in modo da sentirsi rinvigorito dopo aver mangiato e non stanco ed esausto.

3. Mangiare in modo consapevole: l'Ayurveda raccomanda la calma quando mangia, dovrebbe camminare, stare in piedi ed evitare lo stress mentre mangia. Si prenda il suo tempo, si sieda ed eviti distrazioni come la TV o simili. Il modo in cui mangia influisce sulla sua tolleranza e sulla digestione.

4. Mangiare il pasto principale a mezzogiorno: al mattino il corpo è ancora impegnato nella disintossicazione, inoltre il "fuoco digestivo" (Agni) è più debole al mattino e anche alla sera rispetto al mezzogiorno. Pertanto, quando il sole è al massimo, dovrebbe consumare il pasto più abbondante. Pertanto, la colazione e la cena devono essere più leggere e più piccole.

5. Beva solo quando ha sete: Secondo gli insegnamenti ayurvedici, le bevande ghiacciate e il bere durante i pasti sono generalmente evitati, in quanto inibiscono la digestione. Quindi, non beva per circa mezz'ora prima di mangiare e attenda mezz'ora dopo per assumere nuovi liquidi. In generale, l'equilibrio idrico è

importante, ma deve ascoltare il suo corpo e reagire quando avverte la sete.

6. Caldo anziché freddo: secondo l'Ayurveda, i cibi caldi sono più digeribili e più facili da digerire, sia per le bevande che per i pasti. Pertanto, è meglio bere tisane o acqua tiepida.

7. Assorbire tutti i sapori: Gli insegnamenti nutrizionali ayurvedici descrivono sei gusti (rasa): dolce, acido, salato, piccante, amaro e aspro dovrebbero essere presenti in ogni pasto equilibrato.

8. Dare valore alla qualità e alla freschezza: gli ingredienti dei suoi pasti dovrebbero essere idealmente regionali e stagionali; i prodotti biologici sono particolarmente adatti. I frutti non dovrebbero essere combinati con altri alimenti e i prodotti di soia non fermentati dovrebbero essere evitati del tutto.

9. Non reprima i bisogni naturali: i movimenti intestinali, l'eruttazione, gli sbadigli, il pianto e così via sono processi del tutto naturali del corpo e non devono essere soppressi secondo gli insegnamenti ayurvedici, quindi lasci uscire ciò che deve uscire!

10. Spezie: Gli indiani definiscono le spezie come cibo divino e anche la cucina ayurvedica si basa su di esse, in quanto sono importanti per il corpo e per l'anima. Le spezie più importanti nella cucina ayurvedica sono zenzero, curcuma, cardamomo, cumino, coriandolo, chiodi di garofano, noce moscata, pepe, zafferano e cannella. Si dice che le spezie in generale diano pace e forza, ma ognuna di esse ha anche determinate proprietà curative. Per esempio, si usa la curcuma per combattere le infiammazioni o la noce moscata per i disturbi del sonno. Mentre si dice che lo zafferano prevenga il cancro, il cardamomo può stimolare la digestione. Lo stesso vale per le spezie: a seconda dell'energia vitale predominante, si verificano effetti diversi.

Suddivisione degli alimenti

Nella nutrizione ayurvedica, ci sono tre classi (gunas) in cui vengono suddivisi tutti gli alimenti, che si chiamano sattva-guna, rajo-guna e tamo-guna.

Secondo la nutrizione ayurvedica, la classe sattva-guna è quella a cui appartengono gli alimenti benefici. Si tratta di alimenti oleosi, dolci o succosi che ottimizzano il suo atteggiamento nei confronti della vita e possono persino allungare la vita. I latticini (soprattutto il burro chiarificato: il ghee), i cereali e le verdure fresche appartengono a questa classe.

Nella Rajo-Guna, ad esempio, si trovano il peperoncino, l'aglio e la cipolla, ossia alimenti prevalentemente amari, acidi, piccanti o salati. Questi alimenti riscaldano il corpo e la mente e, secondo gli insegnamenti ayurvedici, possono favorire la rabbia e l'aggressività.

Infine, il tamo-guna comprende alimenti come la carne e il pesce, che si dice prosciughino il corpo dall'energia e siano la causa di vari disturbi e malattie.

Equilibrata nel senso dell'Ayurveda è quindi una dieta che si basa principalmente su alimenti sattvici. Tuttavia, per lei questo non significa una rinuncia completa alla carne o a certe spezie piccanti, perché, a seconda della sua costituzione, queste possono anche avere un effetto equilibrante.

MASSAGGI

Oltre all'alimentazione, ci sono altri approcci terapeutici dell'arte curativa ayurvedica e può aspettarseli: anche il massaggio è uno di questi.

Il corpo deve riposare grazie ai massaggi ayurvedici: Il rilassamento, la purificazione e il rafforzamento del sistema immunitario sono lo scopo di tutto questo. Si lavora molto con olio caldo e tocchi delicati, che leniscono e vitalizzano allo stesso tempo.

Anche in questo caso, esistono forme diverse e versatili. I massaggi a timbro, i massaggi peeling, i massaggi secchi- , i massaggi profondi e i massaggi testa-viso-spalle-collo sono solo l'inizio. Esistono anche massaggi per le orecchie, gli occhi e il naso, in modo che tutto il corpo possa rilassarsi. L'Ayurveda descrive i centri energetici di tutto il corpo come punti Marma, ognuno dei quali si dice abbia proprietà speciali. La connessione di tutti questi punti Marma crea una rete energetica in tutto il corpo. Quindi, a seconda del luogo in cui viene praticato il massaggio, i massaggi sostengono questa rete sottile attraverso le rispettive posizioni dei punti energetici.

Due dei tipi di massaggio molto popolari nell'Ayurveda, che conoscerà meglio nel seguito, sono l'Abhyanga e il massaggio Shirodhara.

Versamento di olio sulla fronte: Shirodhara
Probabilmente i più noti nella terapia del massaggio ayurvedico sono i cosiddetti versamenti di olio sulla fronte o versamenti sulla fronte. La parola "Shirodhara" è composta da "Shiro" (testa) e "Dhara" (flusso), quindi descrive un flusso sulla testa. Tale applicazione è considerata molto benefica e rilassante e ha un effetto molto calmante.

La colata sulla fronte viene eseguita in posizione sdraiata, utilizzando uno speciale recipiente per la colata sulla fronte, dal quale l'olio riscaldato scorre su uno stoppino fatto di filo di cotone che si trova a pochi centimetri sopra la fronte della persona. L'olio è solitamente composto da un olio di base e da varie erbe medicinali. Questa preparazione è chiamata 'Thaila' e viene fatta scorrere staticamente o con piccoli movimenti circolari sulla fronte della persona. Anche in questo caso, le singole essenze di erbe che vengono miscelate dipendono dai singoli tipi di costituzione.

Tra le sopracciglia si trova il punto Ajna Karma, dove si trova anche il terzo occhio, noto anche come sesto chakra o chakra della fronte. Quest'area è associata al centro dell'intuizione dell'anima e della coscienza. Attraverso il trattamento con l'olio, questo centro energetico speciale viene delicatamente stimolato ed energizzato.

Lo Shirodhara armonizza principalmente il sistema nervoso vegetativo, quindi contrasta gli stati di tensione e le emicranie (croniche). Inoltre, il massaggio ha un effetto riequilibrante su entrambi gli emisferi del cervello, per cui il trattamento è particolarmente indicato se soffre di disturbi del sonno o di stress post-traumatico. Anche la depressione o l'ipertensione e i sintomi di burn-out come l'esaurimento possono essere meravigliosamente trattati e migliorati con un bagno di olio per la fronte.

Se desidera godere di un tale getto sulla fronte, c'è la possibilità di essere trattati da un terapeuta ayurvedico ben addestrato. Può scegliere tra uno Shirodhara come trattamento indipendente o come parte di una cura completa.

Un esperto tratta in modo olistico e può creare un concetto terapeutico adatto al suo attuale stato di salute. Tuttavia, se desidera semplicemente rilassarsi, ci sono naturalmente anche molti centri benessere che offrono trattamenti di colata di olio per la fronte che si concentrano meno sulla salute e più sul rilassamento. Tuttavia, si assicuri di farsi trattare da personale qualificato.

Massaggio completo del corpo: Abhyanga

Se le coccole e il trattamento di singole parti del corpo non le bastano, allora il massaggio rilassante dell'intero corpo Abhyanga fa al caso suo. Qui si utilizzano oli caldi alle erbe, a volte anche tè, che vengono applicati su tutto il corpo e massaggiati con movimenti delicati.

Tradizionalmente, l'Abhyanga è considerato il punto culminante dei massaggi ayurvedici con olio e il suo effetto si percepisce immediatamente. Innanzitutto, il massaggio estremamente rilassante serve ad armonizzare le energie del corpo e a fare del bene alla pelle. I movimenti regolari permettono agli oli di alta qualità di penetrare in profondità nella pelle, ottenendo una vitalità visibile e un ringiovanimento della stessa.

Si dice che il massaggio con l'olio sia utile anche per la purificazione, in quanto si dice che le speciali tecniche di massaggio aprano vari canali di purificazione per rafforzare il sistema immunitario eliminando le tossine.

Inoltre, le cellule e gli organi vengono nutriti dagli oli. Nel complesso, un'applicazione di successo si traduce in uno splendore sano, grazie a un sistema immunitario rafforzato, a una pelle setosa e a un sistema nervoso calmato.

Per eseguire un tale massaggio completo del corpo, devono essere all'opera dei veri professionisti che conoscono molto bene l'Ayurveda. Anche in questo caso, si tratta di attivare i singoli punti energetici sui quali vengono applicati diversi oli e massaggiati con una leggera pressione. Tradizionalmente, il massaggio viene eseguito a quattro mani, ma sono possibili anche massaggi individuali. A seconda del tipo di corpo e delle diverse caratteristiche, vengono attivati alcuni punti Marma.

Soprattutto agli atleti e alle persone che sono esposte al lavoro fisico quotidiano o che devono sopportare un forte stress, si raccomanda di utilizzare il massaggio Abhyanga. Si dovrebbe ricorrere al massaggio integrale anche per il lavoro mentale che richiede molta energia, ma ci sono anche situazioni in cui si dovrebbe astenere dal farlo. Tra queste vi sono i sintomi di malattia, come raffreddori e febbre, e anche a stomaco pieno, subito dopo aver mangiato, non è un momento adatto.

TERAPIE DI PURIFICAZIONE E FITOTERAPIA

Le aree della terapia di purificazione e pulizia ("Panchakarma") e della fitoterapia ("Dravyaguna") vengono utilizzate in combinazione sul paziente per disintossicare e guarire il corpo.

La cura depurativa ha luogo per prima cosa, per liberare intensamente il corpo dalle scorie e dalle tossine. In seguito, le erbe curative possono sviluppare il loro pieno effetto.

Panchakarma

Il Panchakarma, che significa "cinque azioni" o "cinque attività", riguarda la pulizia del corpo. Come suggerisce il nome, vengono utilizzati cinque metodi specifici:

- Lassativo
- Clisteri alle erbe
- Emetico
- Risciacqui nasali
- Salasso.

Una cura di questo tipo richiede una diagnosi iniziale, durante la quale i sintomi e lo stato di salute generale vengono chiariti attraverso un colloquio dettagliato con il paziente.

La diagnosi del polso viene utilizzata anche in questo caso dalla maggior parte dei terapeuti.

Dopo tale diagnosi, viene creato un piano di trattamento individuale per il Panchakarma, che tiene conto della costituzione e delle esigenze del paziente.

Una cura Panchakarma dovrebbe durare almeno dieci giorni, per dare al suo corpo il tempo di liberarsi dalle tossine e rivitalizzarlo con spezie ed erbe. Nella maggior parte dei casi la durata del trattamento è di 3 settimane o più, ma varia in base ai disturbi dei rispettivi pazienti. Nel caso di malattie croniche, una cura Panchakarma può anche estendersi oltre le 12 settimane.

L'effetto curativo è supportato dai trattamenti con olio, come i massaggi, in quanto gli oli sciolgono le tossine dei tessuti e i prodotti di scarto, che devono poi essere eliminati nella terapia di pulizia. Al piano di trattamento possono essere aggiunti altri elementi, come lo yoga o la meditazione, per rendere la terapia ancora più olistica.

Anche l'alimentazione gioca un ruolo importante durante la cura Panchakarma, in quanto gli alimenti, le erbe e le loro forme di preparazione sono significativamente coinvolti nel processo di pulizia e quindi influenzano anche la guarigione. Poiché l'organismo non deve assorbire nuove tossine attraverso il cibo dopo la depurazione, la cucina ayurvedica è particolarmente leggera e contiene alimenti depurativi.

Il trattamento ayurvedico rinvigorente è particolarmente indicato per le persone stressate che sono esposte allo stress quotidiano e si sentono costantemente stanche o soffrono di sintomi di burn-out. Anche altre malattie croniche e da civilizzazione sono un campo di applicazione, poiché la riduzione dello stress allevia i disturbi nella maggior parte dei casi. I pazienti riferiscono di sentirsi ringiovaniti, più in forma e vitalizzati, soprattutto con applicazioni regolari.

Secondo la tradizione, in linea di massima chiunque può sottoporsi a questa cura dopo aver completato la propria crescita. Tuttavia, una cura Panchakarma non è consigliata se ci si sente fisicamente deboli, poiché nonostante tutto viene richiesta molta energia all'organismo. Soprattutto dopo operazioni e interventi importanti, il corpo deve prima essere lasciato rigenerare. La cautela è consigliata anche in caso di infiammazioni acute: In questo caso, i sistemi di difesa dell'organismo sono già in piena attività e un'ulteriore attivazione delle forze può portare a stati di sovraffaticamento.

A differenza dei trattamenti benessere, la pratica del Panchakarma in Germania è consentita solo agli operatori alternativi e ai medici che devono aver completato una formazione ayurvedica supplementare. Un contatto regolare tra il paziente e il medico durante il corso della terapia è importante anche per poter adattare la condizione più volte e ottenere così un risultato di massimo successo.

Dravyaguna
Dravyaguna, la scienza dei poteri curativi naturali o farmacologia nell'Ayurveda, è considerata la disciplina suprema. Si occupa di come un rimedio (tè, spezia, erba) influisce sul corpo. Vengono descritte le sue proprietà (guna), il suo effetto (karma) o il suo effetto straordinario (prabhava), il suo sapore (rasa), la sua potenza (virya) e il suo sapore dopo la digestione (vipaka).

Le ricette tradizionali, che possono essere adattate individualmente ai pazienti, sono state conservate per iscritto e tramandate. In India esistono 8000 specie di erbe conosciute, 1400 delle quali sono definite come piante medicinali e 400 di esse sono utilizzate per le miscele più comuni nell'Ayurveda.

YOGA

Un altro elemento importante dell'Ayurveda, che è stato addirittura riconosciuto come patrimonio culturale mondiale dall'UNESCO, è lo yoga. Aiuta a purificare, fa bene al corpo e può essere utilizzato in molti modi, a seconda del tipo. Sia come sport, che come meditazione e relax o semplicemente per vivere più in forma e in salute in generale: Lo yoga può fare tutto. Quindi non c'è da stupirsi che attualmente sia una tendenza assoluta.

Le radici della componente ayurvedica affondano ovviamente anche in India e derivano dalla filosofia induista e buddista. Lo yoga è tradizionalmente considerato come un viaggio spirituale alla ricerca dell'illuminazione. In questo senso, il corpo rappresenta il mezzo di trasporto dell'anima, che a sua volta è guidata dallo spirito. Sono importanti anche i cinque organi di senso che la spingono in avanti. La combinazione di tutti questi elementi è lo yoga, che unisce il corpo con la mente e l'anima con tutte le nostre qualità in armonia.

Serenità, vitalità e forza sono il risultato degli esercizi.

Una pratica ideale combina asana (posture), pranayama (esercizi di respirazione) e mantra, o parole di meditazione.

Questi tre aspetti stimolano il metabolismo, costruiscono forza e stabilità e calmano il sistema nervoso attraverso la respirazione sincronizzata. Esistono ora, a loro volta, diversi stili che si orientano su questi fattori e che rispondono a lei in misura maggiore o minore.

1. L'Hatha Yoga è la disciplina classica che ha dato inizio a tutto. In origine, lo yoga era puramente meditativo e aveva lo scopo di portare alla conoscenza di sé attraverso esercizi mentali. Con l'Hatha Yoga, questi esercizi sono stati integrati da esercizi fisici. "Hatha" è la parola che indica la connessione e l'unità di energie opposte, come il caldo e il freddo, il maschile e il femminile e così via. Questi opposti devono essere portati in equilibrio con l'aiuto della meditazione e, nel caso dello Hatha Yoga, anche con l'aiuto delle asana. La filosofia Hatha, a sua volta, ha dato vita alle innumerevoli scuole e stili che conosciamo oggi.

2. Il Kundalini Yoga deriva originariamente dal Tantra ed è stato conosciuto negli Stati Uniti negli anni '60 grazie a Yogi Bhajan. L'insegnamento è considerato molto spirituale ed energetico. Include una miscela di

respirazione consapevole, meditazione con mantra ed esercizi fisici dinamici, oltre alla devozione degli studenti verso il guru. Secondo questo insegnamento, ogni essere umano possiede una forza eterica, l'energia Kundalini, che si trova sotto forma di serpente arrotolato alla base della colonna vertebrale e dorme. L'obiettivo è risvegliare questa energia dirigendo il respiro in modo che serpeggi verso l'alto lungo la spina dorsale. La beatitudine perfetta è ottenuta da colui nel quale il serpente arriva fino in cima.

3. L'Ashtanga yoga è caratterizzato da forza e movimenti dinamici. Conosciuto anche come power yoga, l'Ashtanga yoga si trova negli studi di fitness, perché è una delle forme di yoga più faticose e da tempo è popolare per vari workout. Molte asana sono caratterizzate da gambe allungate o da una parte superiore del corpo allungata. Per allungare il corpo e praticare questa forma di yoga, è necessario avere già un certo livello di fitness.

4. Lo Yin Yoga viene eseguito principalmente in posizione seduta o sdraiata ed è uno stile molto calmo che si concentra sulla respirazione corretta e sul rilassamento. Questa forma più passiva di yoga aiuta a

ridurre il nervosismo, utilizzando asana che sono facili da eseguire per le articolazioni e che vengono mantenute per tre-cinque minuti. Lo Yin yoga è un ottimo equilibrio rispetto agli stili di yoga più dinamici e attivi.

5. Le asana che potrebbe aver sentito nominare sono "il saluto al sole", "il cane che guarda in basso" e "il guerriero". Sono molto popolari anche in altri sport, negli esercizi di stretching o, nel caso del guerriero, servono a rafforzare la schiena e a tonificare i muscoli del petto.

Tra l'altro, ci sono alcuni esercizi con i quali può aumentare la combustione dei grassi attivando alcune parti muscolari, quindi lo yoga è ottimo anche per eliminare i chili in eccesso e modellare il corpo.

Lo yoga può essere utile anche durante la gravidanza, per alleviare i classici disturbi come il mal di schiena e la nausea, e persino per prepararsi al parto attraverso asana speciali.

I tre dosha / tipi di Ayurveda

Importante nell'Ayurveda è l'interazione dei cinque elementi fuoco, acqua, aria, terra e spazio (etere), che riflettono il potere della natura. Gli insegnamenti sui dosha rappresentano anche la filosofia secondo la quale tutto ciò che esiste in questo mondo, compresi noi esseri umani, porta con sé questi cinque elementi. Nel corpo umano sono raggruppati nelle tre energie vitali Vata, Pitta e Kapha. Tradotto dal sanscrito, dosha significa "difetto (potenziale)", il che rende chiaro che è importante mantenerle in armonia, perché uno squilibrio di energie è la causa di malattie fisiche e mentali.

Questi schemi energetici si trovano in ogni cellula e sono quindi presenti in tutto il corpo; controllano quindi tutti i processi, non solo fisici, ma anche emotivi e mentali.

In ogni persona, queste energie si esprimono in modo diverso; l'energia predominante descrive a quale tipo lei è assegnato. Sebbene si nasca con tutte e tre le energie, ogni persona ha un rapporto di miscelazione diverso, una combinazione dosha individuale. Di solito predominano uno o due dosha, che determinano la costituzione ayurvedica. Il tipo a cui una persona appartiene può essere determinato, ad esempio, dal suo fisico o dalla temperatura corporea. Anche l'aspetto della pelle e l'appetito possono fornire indizi.

I dosha si differenziano per l'aspetto, il temperamento e i tratti caratteriali, motivo per cui lo stile di vita fino all'alimentazione e quindi anche le terapie e i trattamenti devono essere adattati in base al tipo.

È proprio attraverso una scelta alimentare adeguata che molti dei disturbi tipici della costituzione possono essere alleviati e, in alcuni casi, possono anche essere eliminati del tutto.

VATA

Gli elementi aria e spazio caratterizzano il tipo Vata, che significa movimento ed è anche considerato energia vitale. Tutti i processi dinamici del corpo, come la respirazione, il battito cardiaco e la parola, ma anche la creatività, sono descritti da questo dosha. Pertanto, le sue qualità caratteristiche sono freddo, chiaro, ruvido e secco. La stagione a cui Vata è associato descrive il periodo freddo da ottobre a gennaio. Le persone in cui predomina Vata hanno un'avversione per il freddo e il tempo umido.

L'aspetto di un tipo Vata è caratterizzato da strutture delicate e graziose: il suo fisico, soprattutto i tratti del viso, le mani e i piedi appaiono leggeri. Sono tipici i volti lunghi e spigolosi, con nasi stretti, occhi piccoli e labbra altrettanto strette. Anche il collo è sottile e snello.

Anche la pelle e i capelli sono sottili e piuttosto secchi e freddi.

L'appetito e la digestione tendono ad essere irregolari nei tipi Vata, per cui sono anche inclini alla stitichezza, alla flatulenza e al sottopeso.

Il tipo Vata ha anche l'elemento predominante dell'aria nello stato mentale; è vivace, pieno di idee, creativo e ama le attività spontanee. Le persone che hanno questo dosha predominante desiderano la varietà nella vita, perché sono veloci nell'entusiasmarsi per le novità. Spesso sono artisti e amano viaggiare, ma perdono anche rapidamente l'entusiasmo a causa del loro stato d'animo mutevole. Anche la volatilità e il nervosismo sono caratteristiche che derivano da uno stile di vita volatile. Molti tipi Vata sono iperattivi, ma si stancano molto rapidamente dopo le esplosioni iniziali di energia, poiché l'energia fisica e mentale arriva a sprazzi.

I Vata si sbilanciano facilmente; oltre ad essere vivaci, sono anche molto sensibili e pensierosi, il che porta spesso a dimenticanze e disturbi del sonno, perché si rilassano male.

Se c'è uno squilibrio di Vata, l'intero organismo diventa confuso, così che la leggerezza si trasforma in insicurezza e paura, e la sete di conoscenza diventa eccessiva.

Consigli per i tipi Vata
La dieta del tipo Vata deve essere equilibrata e nutriente e va assunta in piccoli pasti regolari, per i quali si prende il tempo necessario. I cibi caldi e cotti sono più adatti di quelli crudi. I sapori salati, acidi e dolci funzionano meglio contro l'energia dominante di

Vata e sono quindi consigliati.

Tra i prodotti animali, quasi tutti i latticini sono molto adatti al tipo Vata, in quanto sono spesso liquidi e un po' grassi, il che è positivo per un Vata. Tuttavia, il gelato dovrebbe essere evitato, perché è troppo freddo per il tipo Vata.

Inoltre, possono essere presenti nel menu anche carne leggera, pesce e uova.

Le spezie di supporto sono ad esempio lo zenzero, il cardamomo, la cannella e la senape, nonché il finocchio, la noce moscata, il pepe di Caienna e il cumino. Anche le erbe fresche e verdi, come il basilico e il coriandolo, si abbinano molto bene al tipo arioso dell'Ayurveda.

Anche la cucina vegetariana offre tutte le possibilità per il tipo Vata. Tutte le noci e i semi sono ottimi in piccole quantità, e anche il riso e i cereali sono consigliati, insieme alle lenticchie e ai ceci. Il tipo di costituzione ariosa, inoltre, non sbaglia con vari oli e grassi.

Anche i dolcificanti naturali, soprattutto la frutta fresca e matura come banane, mango, frutti di bosco, uva e molti altri, sono alimenti eccellenti. La dieta del tipo Vata prescrive verdure cotte o bollite, tra cui carote, barbabietole, avocado e carciofi.

Per quanto riguarda il bere, le bevande calde, soprattutto i tè, sono al primo posto per le persone nella cui costituzione predomina Vata. Da un lato, i sapori dolci sono molto adatti, ad esempio la liquirizia o il tè alla vaniglia, ma anche i tè alle erbe e speziati con miscele di cannella, pepe e chiodi di garofano sono meravigliosamente adatti per rafforzare l'equilibrio. Infine, ma non meno importante, anche lo zenzero caldo non è sbagliato, in quanto rafforza le difese dell'organismo e lenisce dall'interno.

Quando si tratta di yoga, le persone Vata dovrebbero concentrarsi su asana tranquille che forniscano forza e resistenza nella loro routine. Grazie a questi esercizi, che si trovano tra l'altro nello yin yoga, la mente si riposa. Anche la meditazione può essere utilizzata come supporto. Per bilanciare Vata in generale, aiutano le routine quotidiane regolari e la stabilità, in pratica tutto ciò che la mette a terra.

PITTA

Gli elementi Pitta, fuoco e acqua, rappresentano la trasformazione o il principio energetico del nostro corpo. La digestione e il metabolismo sono in primo piano, ma anche l'equilibrio ormonale, gli organi sessuali e il senso della vista sono attribuiti a questo dosha. Caldo, piccante, umido, fluido e improvviso sono le caratteristiche di Pitta, di cui i mesi estivi, da giugno a settembre, sono i mesi tipici. Le persone in cui predomina questo tipo costituzionale hanno un'avversione per il caldo estremo.

Le caratteristiche esterne del tipo Pitta sono una statura medio-pesante, spesso anche una corporatura atletica e sportiva. Il viso è solitamente a forma di cuore con un mento pronunciato. Il collo, il naso, gli occhi e la bocca hanno proporzioni medie. Spesso i capelli sono fini e morbidi, la pelle è chiara e lucente, con caratteristiche evidenti come nei, lentiggini ed eruzioni cutanee. I tipi Pitta sono anche inclini alle scottature solari.

Determinazione, spirito imprenditoriale e carisma sono tipici dei tipi dosha focosi, insieme alla preferenza per le sfide. Sono persone che agiscono in modo assoluto e allo stesso tempo sono efficienti, dinamiche e strutturate, il che si evidenzia anche nel loro intelletto acuto e nella loro pronuncia precisa. Poiché spesso sono in grado di contagiare gli altri con la loro stessa motivazione, sono dei leader nati. Un sonno profondo e buono è anche un marchio di fabbrica dei tipi Pitta.

Tuttavia, alcuni soffrono anche di questa ambizione, in quanto devono sopportare una costante pressione interiore per ottenere risultati e insoddisfazioni. I tipi di costituzione perfezionisti non amano la mancanza di organizzazione e talvolta hanno difficoltà a trattare con persone meno ambiziose, si comportano in modo intollerante e perdono la pazienza in situazioni di stress. Gli scatti d'ira, l'aggressività e la forte irritabilità si notano rapidamente in queste situazioni o quando c'è un eccesso di energia Pitta. Il fuoco vitale Pitta può anche causare problemi di salute, tra cui acidosi dello stomaco e infiammazioni.

Suggerimenti per i tipi Pitta
La dieta del tipo Pitta deve regolare l'equilibrio acido-base, motivo per cui meno è meglio quando si tratta di spezie, sale e olio. Poiché le persone di questa costellazione sono caratterizzate da un'ottima digestione e spesso hanno un appetito famelico, secondo l'Ayurveda sono più indicati tre pasti al giorno, che non devono essere in porzioni troppo grandi. In generale, sono adatti sia i cibi caldi che quelli freddi, ma vanno evitati i cibi fritti e quelli molto piccanti. I sapori consigliati sono amaro, dolce e aspro.

Il consumo di carne di un tipo Pitta dovrebbe essere orientato principalmente verso tipi di carne leggeri, quindi la carne di manzo o di maiale non dovrebbe essere presente nel menu. I prodotti lattiero-caseari, in particolare il ghee, il latte e la ricotta, sono ben tollerati; anche il pesce è adatto alle persone del dosha fuoco, ma i crostacei possono causare problemi.

Sebbene le spezie debbano essere usate con cautela, come già detto, le erbe fresche come il prezzemolo e il coriandolo e le spezie rinfrescanti come la cannella, il finocchio e la melissa sono ottime per condire i cibi. L'aglio e il pepe di Caienna, invece, devono essere usati con parsimonia, se non addirittura con un po' di attenzione. Anche i grassi dovrebbero essere usati con parsimonia in cucina; l'olio di oliva e di cocco, l'olio di girasole e di soia sono la via da seguire.

Rispetto al tipo Vata, il tipo Pitta non deve preoccuparsi del cibo crudo: frutta e verdura possono essere consumate non cotte. Soprattutto per quanto riguarda la frutta, tutto ciò che è dolce è ben tollerato, ma i frutti acidi come i limoni dovrebbero essere evitati. Anche altri dolcificanti sono adatti, ad eccezione del miele e della melassa. Il tipo Pitta può anche scegliere le verdure in base alle sue preferenze, ma è meglio evitare i peperoncini e le cipolle rosse e scegliere piuttosto varietà con sostanze amare equilibranti. Le noci di cocco, i semi di girasole e i semi di zucca sono molto ben tollerati dagli individui della costellazione Pitta, così come i legumi in generale. Solo le lenticchie devono essere trattate con cautela. Anche i cereali e il riso sono ben tollerati.

Bere molto è molto importante per le persone che hanno una predominanza di dosha Pitta. Pitta è l'unico tipo ayurvedico per il quale si consigliano bevande fresche, persino il tè raffreddato. Le più adatte a questo scopo sono tutti i tipi di variazioni di tè verde e di erbe. Menta, foglie di lampone o citronella sono adatte, così come il cardamomo. Anche i succhi di verdura o il succo di mirtillo sono rinfrescanti e rinfrescano. Tuttavia, l'alcol e il caffè devono essere evitati.

Per creare un equilibrio tra forza, dinamismo e rigenerazione, il pitta yogi dovrebbe affidarsi a un mix di asana diverse. La meditazione e gli esercizi di yoga fisicamente impegnativi sono tutti importanti per l'equilibrio.

KAPHA

Il terzo e ultimo dei tipi di Ayurveda è Kapha, il principio della struttura, della stabilità, della sostanza, i cui elementi sono l'acqua e la terra. Nel corpo, questa energia è responsabile della crescita, dello sviluppo dei tessuti e della flessibilità; la tolleranza e la pazienza sono compiti mentali. Il periodo Kapha inizia a febbraio e dura fino a maggio - i mesi primaverili. Dolce, pesante, morbido, costante, untuoso e pigro sono le caratteristiche del dosha.

Le caratteristiche visive di un tipo Kapha sono un fisico stabile e forte. Le persone sono basse e tozze oppure alte e forti, con movimenti lenti e aggraziati. Spesso i tipi Kapha tendono a essere sovrappeso e obesi, e la pelle tende a essere spessa, morbida e grassa. Anche i tratti del viso sono eccessivamente rotondi, pieni, grandi e voluttuosi, dal collo alle labbra, dal naso agli occhi. Anche i capelli sono spesso folti e sani.

La personalità dei tipi Kapha è caratterizzata da calma, radicamento ed equilibrio, in linea con il loro aspetto. Le disposizioni rilassate e stabili completano l'azione riflessiva, la tolleranza e il comportamento amorevole. Il tipo Ayurveda calmo è indulgente e raramente agitato, preferendo uno stile di vita costante.

Anche se le novità vengono assorbite lentamente, una buona memoria a lungo termine e la perseveranza sono tra i punti di forza del tipo Kapha. Il suo sonno è profondo e lungo, la fame moderata e la digestione lenta, che può portare alla stitichezza.

Poiché la spontaneità affrettata, la frenesia e il cambiamento provocano sfiducia nelle persone con costituzione Kapha, queste sono spesso considerate inflessibili e pigre. Anche la compiacenza e l'accumulo di beni sono vizi comuni. Anche le decisioni troppo affrettate le sovraccaricano e le portano ai loro limiti mentali.

Quando il dosha kapha è troppo dominante, la persona spesso si ritira, evita completamente i conflitti e si abitua a modelli malsani da cui non riesce a riprendersi, il che, nel peggiore dei casi, può sfociare in depressione. Le persone mancano anche di movimento e tendono a diventare molto obese quando l'energia sfugge di mano.

Consigli per i tipi Kapha

Secondo gli insegnamenti ayurvedici, l'alimentazione di Kapha dovrebbe essere orientata verso i gusti dell'amaro e del piccante.

In realtà, tra tutti i tipi di Ayurveda, Kapha è quello che ha meno bisogno di cibo, ma a causa della digestione lenta e del metabolismo lento, deve prestare maggiore attenzione agli alimenti giusti.

Non solo la tendenza al sovrappeso, ma anche la svogliatezza derivano da un'alimentazione sbagliata. Pertanto, la dieta ayurvedica si basa su tre pasti che devono essere leggeri, freschi e caldi. La regola generale è: pochi cibi grassi, pochi cibi pesanti e non troppe verdure crude.

La carne e il pesce dovrebbero essere consumati poco, ma il pollame magro e il pesce a basso contenuto di grassi sono adatti a una dieta Kapha. Anche le uova e i troppi prodotti a base di latte vaccino dovrebbero essere evitati il più possibile; i prodotti a base di latte di capra o di pecora sono migliori per il tipo Kapha. Anche la soia o altri prodotti a base di latte vegetale sono ben tollerati. Il Ghee è consigliato, ma non è consigliabile consumare molta panna, latte e burro puro.

Il tipo Kapha può mangiare frutta e verdura a volontà. La frutta non deve essere troppo dolce o troppo acida, quindi banane, ananas e datteri, ad esempio, sono meno adatti; il miele offre un sostituto più dolce e più adatto. Tuttavia, tutti i tipi di frutta a nocciolo come pesche, ciliegie e albicocche, nonché tutti i tipi di bacche, sono meravigliosamente adatti e possono essere gustati anche in forma essiccata. Le verdure cotte al vapore sono eccellenti per la persona Kapha, e sono rappresentate dagli ortaggi a radice, dai cavoli, dai broccoli e dagli spinaci. Anche le verdure aspre e piccanti, come i ravanelli e le cipolle, e tutte le verdure a foglia possono essere integrate in modo eccellente.

I cereali particolarmente ben tollerati sono orzo, segale, farro e mais. Il riso e i prodotti di soia, così come i fagioli bianchi e neri, devono essere evitati. Anche altri legumi sono adatti, così come piccole quantità di semi e oli vegetali.

Le spezie piccanti che favoriscono la digestione sono ottimali per il tipo Kapha e comprendono, tra l'altro, zenzero, peperoncino e pepe nero. Anche la cannella, la curcuma e un po' di sale sono adatti, così come il coriandolo, i chiodi di garofano e il cardamomo.

Quando beve, il tipo Kapha beneficia anche di miscele di spezie stimolanti per il metabolismo nel tè. Menta piperita, zenzero e peperoncino sono alcuni dei pionieri in questo campo. Le bevande devono essere consumate calde nel dosha del riposo, e coloro che le amano più dolci possono aiutarsi con il miele.

Con asana attive e dinamiche, il tipo Kapha ha i migliori prerequisiti per utilizzare lo yoga a suo vantaggio e per la sua salute. Uno squilibrio Kapha viene riequilibrato al meglio attraverso il movimento e l'attività regolare.

L'Ayurveda per lei

Ora ha letto molto sull'Ayurveda, sulle energie individuali, sulle applicazioni e sulle terapie individuali. Potrebbe anche avere già un'idea di quale tipo costituzionale sia dominante in lei e essere già pieno di energia per integrare le pratiche yoga individuali, le miscele di spezie e i piani alimentari nella sua vita quotidiana.

Ma qual è il modo migliore per iniziare? C'è ancora molto da scoprire e da imparare, e soprattutto come principiante deve fare attenzione più spesso.

CONSIGLI PER I NEOFITI DELL'AYURVEDA

Prima di tutto, sarà felice di sapere che ci sono già così tante offerte di benessere e terapie ayurvediche qui in Occidente, che è quasi impossibile sbagliare, vero?

Sbagliato! Purtroppo, l'altra faccia della medaglia è che una tendenza viene sempre sfruttata da persone che non hanno una conoscenza sufficiente del settore. Può quindi accadere che si ritrovi con dei dilettanti che mettono a punto per lei dei piani di trattamento completamente sbagliati, che alla fine non le danno l'effetto sperato. Questo può sembrare meno drammatico nel caso di cure di benessere che promettono soprattutto relax, ma dovrebbe sempre mettersi nelle mani di medici, terapisti ed esperti qualificati, per ottenere il massimo successo possibile. Qualsiasi altra cosa sarebbe un peccato non solo per il suo denaro, ma anche per il suo tempo e la sua salute.

In effetti, diventa pericoloso con i rimedi importati. Alcune tinture ayurvediche, oli e così via, prodotti in India per essere importati e utilizzati nei Paesi occidentali, non sono sufficientemente controllati e quindi spesso contengono residui di metalli pesanti. Di conseguenza, capita spesso che una cura ayurvedica apparentemente innocua porti all'avvelenamento da mercurio o piombo dei pazienti. Nel peggiore dei casi, questi avvelenamenti possono causare gravi danni neurologici in alcune persone, quindi faccia attenzione non solo ai terapeuti, ma anche ai rimedi importati.

Anche se si è trovato in uno dei dosha e ha scoperto da solo i possibili disturbi, per essere sicuro dovrebbe consultare un medico ayurvedico esperto che le permetterà di fare un'anamnesi dettagliata e professionale. In questo modo potrà essere sicuro di quali energie stanno realmente dominando e agire di conseguenza. Una volta trovato il terapeuta, il medico, l'esperto di cui si fida, faccia le cose con calma, non deve cambiare subito tutto il suo stile di vita in favore dell'Ayurveda. Prima di tutto, scelga gli insegnamenti ayurvedici più adatti alla sua vita, prima di fare un cambiamento al cento per cento. Come sa, Roma non è stata costruita in un giorno e questo è anche il motto per la sua salute; tutto a turno: Le cose belle arrivano a chi aspetta.

Per quanto riguarda l'alimentazione, ad esempio, può introdurre gradualmente le regole generali nella sua cucina, prima di farsi preparare un piano di menu individuale; in questo modo è più chiaro e più facile iniziare. Se è compatibile con la sua routine quotidiana, può iniziare, ad esempio, consumando il pasto principale all'ora di pranzo, prestando maggiore attenzione alla sua sensazione di fame e concentrandosi su ingredienti freschi.

Iniziare a praticare l'arte dello yoga è più facile se si prende il tempo di provare diversi luoghi, stili e anche insegnanti. L'importante è che si trovi bene con l'insegnante di yoga e che si senta a suo agio nello studio di sua scelta. Se non è un super atleta o semplicemente non ha alcuna esperienza di yoga, è meglio iniziare con l'hatha yoga classico, che è ideale per acquisire le prime conoscenze di base. Potrà provare gradualmente stili più specializzati, non appena avrà fatto un po' di pratica e sarà già più sicuro di sé. Si senta libero di scambiare idee con altri yogi e persone esperte: Di solito, tutti sono felici di aiutare e l'Ayurveda è anche una questione di cooperazione.

Può semplicemente provare massaggi, bagni d'olio e altre offerte di benessere che sono indipendenti dal tipo di persona e innocue. Probabilmente non le costerà molto, perché coccolare il suo corpo è uno dei modi più belli per fare qualcosa per la sua salute. Dopo una piccola ricerca, troverà alcuni fornitori e opzioni affidabili per le cure di benessere.

A CASA E NELLA VITA QUOTIDI-ANA

Naturalmente, può anche iniziare la sua nuova vita ayurvedica senza consultare prima un professionista, se non può aspettare oltre.

L'arte della guarigione è strutturata in modo tale che lei possa e debba agire in modo auto-efficace. Molti rituali che può facilmente incorporare nella sua vita quotidiana non richiedono alcuna classificazione in costellazioni o diagnosi mediche. Si tratta di semplici applicazioni che, con un po' di pratica, può eseguire a casa o in viaggio senza esitazione, facendo così ogni giorno qualcosa per la sua salute.

La routine mattutina (Dinacharya), ad esempio, è molto popolare tra le persone che vivono interamente o solo parzialmente secondo gli standard ayurvedici. Può progettare queste applicazioni mattutine in base alle sue esigenze personali e poi adattarle al suo dosha in un secondo momento. Questa routine comprende il raschiamento della lingua, l'assunzione di acqua calda, l'oil pulling, i risciacqui nasali e l'automassaggio.

Quando raschia la lingua al mattino, subito dopo essersi alzato, la libera dai depositi e dalle tossine. Tutto ciò di cui ha bisogno è un raschietto per la lingua appositamente realizzato, che può acquistare nella farmacia locale, in farmacia o online. Dovrebbe essere in acciaio inox o argento, la forma è meno importante, l'importante è che riesca a maneggiarlo bene.

L'acqua calda, che può anche essere diluita con un pizzico di limone o di zenzero, non solo ha un effetto depurativo, ma stimola anche la digestione. La beva ogni giorno prima di colazione.

L'oil pulling lega le sostanze liposolubili nella membrana mucosa, con l'effetto di ridurre i batteri. Poiché la maggior parte di questi batteri si accumula in bocca durante la notte, questo metodo è più utile al mattino. In generale, l'oil pulling contribuisce a migliorare l'igiene orale, previene l'alito cattivo e può persino migliorare il senso del gusto.

Metta uno o due cucchiai di olio di cocco o di sesamo in bocca e lo muova per circa dieci o venti minuti. Anche l'olio di girasole è adatto a questo scopo; esistono persino oli ayurvedici sviluppati appositamente per l'uso in bocca, ma l'olio di sesamo e di girasole in particolare sono sufficienti per il loro effetto antibatterico, soprattutto all'inizio. Sciacqui accuratamente gli spazi interdentali con movimenti regolari della lingua e della bocca e spalmi l'olio su tutta la gola, se possibile. È importante che non ingerisca accidentalmente la miscela di saliva e olio, ma che la sputi dopo il tempo stabilito, preferibilmente con carta igienica o carta da cucina. Non lo smaltisca nel lavandino o nel water, perché potrebbe causare l'ostruzione delle tubature. Dopo l'uso, è meglio sciacquare la bocca con acqua calda e attendere altri 15 minuti circa prima di lavarsi i denti.

Il risciacquo nasale ha l'effetto salutare di sciogliere il muco e quindi di proteggere meglio dal raffreddore. Si tratta di una delle misure preventive più diffuse, che non si trovano solo nell'Ayurveda. Attenzione: se soffre di un'infiammazione o di un'infezione acuta, attenda che questa si sia completamente attenuata, poiché viene utilizzata una soluzione salina che altrimenti potrebbe causare irritazioni. Oltre a questa soluzione salina, è necessario un vaso per il risciacquo nasale, che di solito è di porcellana e viene offerto su siti specifici di Ayurveda o di salute.

A questo punto, stenda la testa su un fianco e riempia la soluzione nella narice rivolta verso l'alto con l'aiuto della brocca. Poi esce di nuovo nell'altro foro. Poi ripeta semplicemente il processo sull'altro lato.

Non può sbagliare nemmeno con un automassaggio quotidiano. Questo viene tradizionalmente eseguito nella regione addominale e ha un effetto stimolante sulla digestione, rafforza la resistenza e si dice che aiuti anche a combattere la stanchezza. Anche in questo caso, si utilizza l'olio. Basta massaggiarlo lentamente e distribuirlo delicatamente in tutte le direzioni. Prima di fare la doccia, lasciate che l'olio si impregni per un po': è rilassante e ha anche un effetto collaterale benefico sulla pelle.

Altri massaggi, sempre con olio, ma anche a secco, possono essere applicati altrettanto bene a casa, in modo da non dover visitare un'oasi di benessere per ogni pausa di relax. Anche il famoso bagno d'olio sulla fronte può ora essere eseguito da soli tra le proprie quattro mura, in quanto è stato sviluppato un dispositivo speciale che può essere utilizzato per aiutarsi a raggiungere la felicità mentre si è sdraiati, senza l'aiuto di una seconda persona. Tuttavia, poiché questo dispositivo non è esattamente economico e, secondo alcuni esperti, il concetto generale si perde di conseguenza, può in alternativa riscaldare un po' di olio la sera - perché non tutti i rituali si svolgono al mattino - e massaggiarlo delicatamente sulla zona della fronte. Soprattutto dopo una dura giornata di lavoro, questa semplice applicazione ha un effetto meravigliosamente rilassante.

Un consiglio per tutto il giorno, che sicuramente manterrà, è il consumo regolare di acqua allo zenzero. Questo tubero è un assoluto tuttofare e non solo allevia la flatulenza e la nausea, ma ha anche un effetto antinfiammatorio e stimola la digestione.

Se già dopo aver letto questo articolo si sente sopraffatto dalla gamma di rituali mattutini, non è solo: pochi riescono a incorporare tutti questi metodi nella loro routine quotidiana, per mancanza di tempo e, a dire il vero, anche perché non tutti sono persone mattiniere. Ma può essere rassicurato, perché qui entrano di nuovo in gioco i dosha, che può utilizzare come guida. Alcuni rituali sono particolarmente adatti al suo tipo, mentre altri sono meno importanti.

In quanto persona Vata, gli automassaggi fanno al caso suo, soprattutto nei mesi autunnali e invernali più freddi. Anche l'acqua calda al mattino è altamente raccomandata per lei, se appartiene al dosha arioso.

I tipi Pitta, invece, traggono i maggiori benefici dal raschiamento della lingua e dall'oil pulling, mentre i risciacqui nasali e l'alzarsi presto sono generalmente indicati per i tipi Kapha.

RICETTE

Poiché il meglio arriva alla fine, ora troverà una selezione di ricette ayurvediche classiche e deliziose, da gustare e sentirsi bene. Non deve essere uno chef per questo, perché i piatti veramente salutari sono relativamente poco complicati e quindi fatti apposta per lei.

Ghee

Il burro chiarificato non è più una parola estranea per lei dopo aver letto i primi capitoli e sicuramente si sarà già chiesto cosa si nasconde esattamente dietro questo classico della nutrizione ayurvedica.

Il Ghee è celebrato nelle antiche arti curative come una panacea ed è apprezzato non solo come delizia culinaria, ma anche nelle applicazioni esterne. L'elenco degli ingredienti è breve e semplice: tutto ciò che serve sono 500 grammi di burro dolce di origine biologica.

Basta far bollire il burro in una casseruola e poi continuare a cuocere a fuoco lento per circa 45 minuti. L'albume d'uovo si solleva gradualmente dal burro, che viene scremato ripetutamente fino a quando il burro non assume una consistenza chiara e giallo-dorata. Infine, versi il burro chiaro attraverso un setaccio, che avrà coperto con un panno, e poi lo versi nei vasetti.

Provi e si diverta!

Paneer

Rimanendo in tema di prodotti lattiero-caseari, che sono molto importanti nella dieta ayurvedica, le presentiamo il formaggio cremoso indiano, che è una delizia assoluta consumata da sola e come ingrediente di altre ricette. Il Paneer ha una consistenza leggermente più solida rispetto al comune formaggio cremoso che conosciamo al supermercato, quindi se le sembra poco familiare quando lo prepara, probabilmente sta facendo tutto bene.

Per prepararlo, ha bisogno di un litro di latte, un po' di sale e due cucchiai di aceto di sidro di mele, o facoltativamente di succo di limone, a seconda di quale preferisce.

Il primo passo è portare il latte a ebollizione nella pentola e mescolare immediatamente l'aceto di sidro di mele o il succo di limone con il sale. Poi togliere la pentola dal fornello.

Anche in questo caso dovrebbe avere a portata di mano un setaccio di metallo, coperto da un canovaccio. Lo metta su una ciotola e versi il contenuto della pentola. Questo processo fa sì che il siero di latte scoli verso il basso. Per aiutarlo, prema sulle masse con un cucchiaio, fino a quando non ci sarà più siero nel panno. Ciò che rimane è il paneer creato da lei - meno liquido c'è, meglio è!

La crema di formaggio deve essere conservata in frigorifero per un massimo di cinque giorni.

Curry indiano di lenticchie

Se le piace il cibo sostanzioso e piccante, deve assolutamente provare il delizioso curry in stile indiano. Qui, molte delle spezie salutari dell'Ayurveda si uniscono al coriandolo fresco e alle deliziose lenticchie.

Oltre a 250 grammi di lenticchie, la sua lista della spesa dovrebbe includere anche tre cipolle medie, due spicchi d'aglio e coriandolo fresco. Dovrebbe anche acquistare un bulbo di zenzero e tenerne pronto un pezzo grande come una noce. Dal suo scaffale delle spezie, prenda altro curry, sale e pepe e utilizzi un cucchiaino ciascuno di cumino e curcuma. Infine, aggiunga tre cucchiai di olio, preferibilmente di cocco, che si sposa meravigliosamente con il sapore del curry.

Per prima cosa, tagli le cipolle e l'aglio a cubetti e grattugi lo zenzero finemente, in modo che il suo aroma si diffonda bene. Poi scalda l'olio nella pentola e soffriggi gli ingredienti tritati fino a quando non sono caldi. Poi aggiunga le spezie. A questo punto sono necessarie solo le lenticchie e mezzo litro d'acqua. Il tutto deve poi cuocere per circa 30 minuti.

Disponga il curry finito nei piatti, guarnisca con il coriandolo e, come sicuramente ricorderà: si sieda e si goda il piatto.

Khichdi

Il budino di riso è un dessert per lei? Allora è giunto il momento di conoscere la versione indiana, perché ha molto in comune con il dessert al cioccolato o alla cannella.

Per l'ultima ricetta, sono necessari 100 grammi ciascuno di riso, fagioli mung sbucciati e fagioli verdi. Inoltre, entrano in gioco tre cucchiai di ghee, che probabilmente saprà già preparare ad occhi chiusi. Sono indispensabili anche due pomodori, un pezzetto di zenzero e un peperoncino verde, oltre a sei gambi di coriandolo. Condisca con un pizzico di curcuma in polvere, un po' di sale e mezzo cucchiaino ciascuno di semi di senape e cumino.

Quando tutti gli ingredienti sono pronti, per prima cosa si occupi del riso e dei fagioli mung, che deve mettere a bagno in acqua fredda, preferibilmente per mezz'ora. Nel frattempo, tagli i fagiolini in piccoli pezzi e riscaldi il ghee con il cumino e i semi di senape in una pentola separata, finché non scoppiano dal calore.

Dopo il giusto tempo di ammollo, aggiunga il riso ed entrambi i tipi di fagioli alla pentola e condisca il composto con sale e curcuma. Poi versa l'acqua calda in modo che tutti gli ingredienti siano coperti.

Una volta che il composto ha raggiunto l'ebollizione, continui a cuocere a fuoco lento per altri 20 minuti, in modo che il riso sia bello e morbido.

Durante questo tempo, può già tritare finemente il peperoncino e lo zenzero e tagliare a cubetti i pomodori. Poi li mescoli insieme al coriandolo nella pentola. La sua delizia culinaria è pronta.

Postfazione

Con la speranza e la fiducia che questa piccola guida le abbia fornito una panoramica iniziale, è giunto il momento di iniziare. Interiorizzi i primi consigli e trucchi e li integri nella sua vita quotidiana.

Ma poiché più teste sono sempre più intelligenti di una, non esiti a cercare altre fonti e a chiedere consigli a persone che sanno il fatto loro. Può sempre imparare di più. E visto che siamo in tema, sicuramente conosce il detto "imparare facendo".

Questo vale anche per la sua salute e l'iniziativa di prenderla in mano. È naturale se non può attuare tutto direttamente come vorrebbe. Dopo tutto, nessun maestro (ayurvedico) è caduto dal cielo. Si prenda il suo tempo e sia paziente, anche per quanto riguarda i successi visibili e percepibili.

Non si lasci scoraggiare dalle incertezze, dai fallimenti o dagli errori iniziali - anche da parte dei suoi referenti - e ricordi sempre: i medici e i professionisti del settore sono solo umani e non onniscienti. Pertanto, pur fidandosi degli esperti, si fidi sempre anche del suo istinto e non faccia nulla che le sembri del tutto inappropriato.

Il suo viaggio verso la salute può iniziare qui e ora su un nuovo percorso, che potrà intraprendere mano nella mano con l'ambiente e con i suoi simili. Le auguro ogni bene!

Contatto: Psiana eCom UG/ Berumer Str. 44/ 26844 Jemgum
Design di copertina: Fenna Larsson
Foto di copertina: depositphotos.com

www.ingramcontent.com/pod-product-compliance
Lightning Source LLC
Chambersburg PA
CBHW021748150726
47989CB00004B/1558